Dans la même collection par Yvan Pommaux :

Ulysse
aux mille ruses

Œdipe
l'enfant trouvé

Orphée
et la morsure du serpent

Thésée
Comment naissent les légendes

Troie
La guerre toujours recommencée

ISBN 978-2-211-30304-0

© 2019, l'école des loisirs, Paris, pour la présente édition
dans la collection « Maximax »
© 2018, l'école des loisirs, Paris
Loi 49956 du 16 juillet 1949 sur les publications
destinées à la jeunesse : octobre 2018
Dépôt légal : décembre 2019
Imprimé en France par Gibert Clarey Imprimeurs à Chambray-lès-Tours

Édition spéciale non commercialisée en librairie

Yvan Pommaux
PERSÉE
Vainqueur de la Gorgone

Couleurs de Nicole Pommaux

l'école des loisirs
11, rue de Sèvres, Paris 6e

Acrisios, roi d'Argos, n'aimait pas sa fille Danaé. Insensible à sa beauté, il ne cessait de lui répéter avec aigreur qu'il aurait préféré un héritier mâle, un garçon.

Il se rendit à l'oracle de Delphes pour poser
au dieu Apollon cette unique question :
– Aurai-je un jour un fils ?

– Non, répondit le dieu par la voix de la pythie. Les prêtres traduisirent :
Tu auras un petit-fils, enfant de ta fille Danaé, et ce petit-fils te tuera !

Acrisios n'accepta pas ce sort funeste.
Il faut être deux pour faire un enfant, se dit-il…
Pour être mère, Danaé devait rencontrer un homme.
Il suffisait d'empêcher cette rencontre pour déjouer la prédiction d'Apollon.

Le roi d'Argos fit donc construire une tour d'airain, sans fenêtres
et fermée par une lourde porte à serrure compliquée,
dont lui seul possédait la clef. Avant d'y enfermer sa fille, il lui dit :
— Ne te plains pas ! Beaucoup, à ma place, t'auraient tuée !

L'air et la lumière entraient dans la tour par son sommet,
et si les hommes ne pouvaient plus contempler Danaé,
les dieux ne s'en privaient pas.

Zeus, le plus puissant de tous, s'éprit de la belle captive, et comme chaque fois qu'il désirait une mortelle, il inventa un stratagème pour s'unir à elle. Ce fut sous la forme d'une pluie d'or qu'il inonda Danaé de son amour.

Au bout de quelques semaines, Danaé s'aperçut qu'elle était enceinte. Elle craignait une réaction violente de son père, qui lui apportait de temps en temps de la nourriture, s'il voyait s'arrondir le ventre de sa fille. Elle était parvenue à cacher son état sous d'amples vêtements, mais tout se compliqua à la naissance de son fils, qu'elle appela Persée.

Par chance, le roi d'Argos venait toujours en début d'après-midi, pendant la sieste du bébé. Danaé dissimulait alors Persée sous des couvertures jetées sur un lit. L'enfant grandit et alla bientôt se cacher de lui-même dès que la serrure cliquetait.

Mais un jour, Persée s'agita dans sa cachette. Acrisios vit bouger les couvertures. Il les empoigna et les rejeta pour découvrir avec stupeur un tout jeune garçon.

– C'est mon fils ! dit Danaé.
Hors de lui, le roi d'Argos hurla :
– Impossible ! Qui en serait le père ?
– Zeus ! répondit fièrement la jeune femme.

Aucun homme n'aurait pu entrer dans la tour, mais un dieu ?
Le sommet de la prison d'airain s'ouvrait sur le ciel, et donc sur l'Olympe…
Il devenait impossible de tuer Persée si Zeus en était le père :
contrarier le dieu exposait à de terribles représailles !
Or l'enfant, selon la prédiction d'Apollon,
pouvait à tout instant le tuer, lui, Acrisios, ce qui le rendait fou.

Il ne dormait plus et haïssait
ce petit-fils dont il guettait
le moindre geste. Finalement,
il prit la décision de partir
en mer sur l'un de ses vaisseaux,
loin des côtes, et là, il fit jeter
par-dessus bord la mère et l'enfant,
blottis l'un contre l'autre
à l'intérieur d'un coffre de bois.

– Je ne tue personne, dit Acrisios,
Zeus décidera de leur sort !

Tout en travaillant, le menuisier du palais n'avait cessé de penser au triste sort des malheureux bientôt enfermés dans le coffre que le roi d'Argos lui avait ordonné de fabriquer.
Pris de pitié, il avait fait des trous, dissimulés en certains endroits, qui permettraient au moins à Persée et Danaé de respirer convenablement.

Ballotté deux jours et deux nuits au gré du courant,
le coffre finit par s'échouer sur une petite île.

Un pêcheur nommé Dictys entendit des pleurs d'enfant semblant provenir d'un coffre échoué. Après en avoir forcé le couvercle, il y découvrit une jeune femme et un petit garçon très affaiblis, mais vivants. Il les emmena dans la modeste maison qu'il habitait avec sa femme, où tous deux se désolaient chaque jour de n'avoir jamais eu d'enfants. Ils décidèrent d'adopter les naufragés. Dictys éduqua Persée, et lui apprit son métier de pêcheur. Il était aussi pour le garçon un exemple d'honnête homme, fier et courageux.
Les années passèrent, heureuses.

Aujourd'hui, Persée a vingt ans. Danaé, épargnée par le temps,
ne souhaite rien d'autre que vivre ici le reste de son existence,
auprès de son fils, devant le bleu de la mer et du ciel.

Mais Dictys a un frère, Polydecte, roi de l'île,
qui a hérité en tant qu'aîné des biens et du trône de leur père.
Brutal, avide, il n'a pas cédé le moindre privilège à son cadet.
Un jour qu'il s'ennuie, Polydecte se fait conduire en char jusque chez Dictys.

Le pêcheur est en mer, et son épouse dans leur petite oliveraie,
mais une femme d'une grande beauté se trouve là, dans l'ombre de la tonnelle.
Subjugué, Polydecte veut l'emmener, par la force s'il le faut.
Un jeune homme surgit et l'en empêche. Persée, devenu grand et fort,
veille sur sa mère, il ne la laisse jamais seule.

De retour en son palais, Polydecte se dit que faire assassiner le fils dont on veut séduire la mère serait maladroit. Pour éloigner Persée, il échafaude un plan compliqué. Il s'invente un mariage avec une princesse lointaine en route pour venir le rejoindre. En l'attendant, pourquoi ne pas se débarrasser des plus ennuyeux rituels qu'exigent les noces royales ?

Il fixe donc une date pour la cérémonie des offrandes et y convie Persée. À l'évidence, le jeune homme ne pourra pas offrir un présent aussi précieux que ceux des autres invités, rois, seigneurs ou notables de l'île. Le jour venu, l'orgueilleux Persée proclame haut et fort :
– Je suis pauvre, ô Roi… Demande-moi un cadeau dont la valeur ne se mesure pas en or, et je te l'apporterai, quel qu'il soit.
Polydecte avait prévu ce genre de réaction. Sa réponse est prête :
– Rapporte-moi la tête de Méduse, la Gorgone !
– Très bien, ô Roi ! dit simplement Persée, cachant sa peur.

Les soirs d'été, des aèdes chantent des histoires amusantes ou des drames
à un public qui aime aussi parfois ressentir le frisson de la peur.
Alors ils décrivent les Gorgones, Sthéno, Euryale et Méduse, qui viennent
du plus profond de la terre, ont des ailes d'or, des serres de cuivre,
un corps recouvert d'écailles et la tête hérissée de serpents.
Méduse est la plus dangereuse car elle vit dans le temps présent.
Ses sœurs sont à la fois ici et ailleurs, l'une dans le passé, l'autre dans le futur.
Tout mortel qui croise le regard de Méduse meurt pétrifié.

Pour les affronter, il faut trouver leur repaire.
Persée se rend à l'oracle de Delphes pour interroger le dieu Apollon.

La pythie émet un message obscur, dans lequel
on distingue les mots « chêne », « feuilles » et « vent ».
Persée se rend à Dodone, dans une forêt où les feuillages
des chênes agités par le vent délivrent des messages divins.
Et là, il entend murmurer à son oreille
que des dieux l'aideront à tenir sa folle promesse.

En sortant de la forêt, Persée rencontre un jeune homme coiffé d'un curieux chapeau muni d'ailes et chaussé de sandales ailées elles aussi. Hermès, messager des dieux, a l'habitude de secourir les héros en difficulté.
– Il te faut des armes adaptées, dit-il, tu les trouveras chez les Hyperboréens.
– Conduis-moi dans leur pays, dit Persée.
– Pas si simple, répond le dieu, on en oublie toujours le chemin. Seules les Grées s'en souviennent, mais elles refusent de parler.
– Alors conduis-moi chez les Grées.
– Cela, je le peux, dit Hermès.

Hermès emmène Persée dans une région brumeuse.
Trois créatures se tiennent côte à côte dans un abri de branchages.
Vieilles, grises, revêches, elles ne possèdent qu'un œil et une dent
pour elles trois. Elles se passent l'œil de l'une à l'autre à une telle vitesse
que chacune a l'impression d'y voir en permanence.

Persée ne perd pas de temps en discussions avec les Grées.
Il chipe leur œil au passage, comme on attrape une mouche.
Elles se mettent à pleurnicher, mais le héros ne leur rend pas
leur bien avant d'avoir obtenu la réponse à cette question :
comment gagne-t-on le pays des Hyperboréens ?

En fait, il n'existe pas vraiment de route pour s'y rendre.
Ce pays se situe au-delà du monde connu, en direction du nord.
Le nord est la seule mais capitale indication à connaître.
Persée et le dieu marchent longtemps avec pour seule obsession le nord.
Les voilà dans une zone inhabitée, rocailleuse et pelée.

Ils marchent. Il n'y a plus ni jour ni nuit, mais une sorte
de crépuscule permanent. Ils distinguent une ligne verte à l'horizon.
Il leur faut encore beaucoup marcher pour l'atteindre.

Les habitants de ce pays, immortels comme les dieux, vivent dans une douce euphorie,
une fête perpétuelle, entre veille et sommeil. Persée se repose ici quelque temps,
cajolé par de ravissantes nymphes. Il n'oublie pas pour autant sa promesse.
Il a demandé à Dictys de veiller sur sa mère, mais il la sait menacée par Polydecte.
— Je désire affronter Méduse, la Gorgone, dit-il.
Les nymphes lui apportent une épée capable de transpercer
des écailles de Gorgone, des sandales ailées comme celles d'Hermès,
et un sac magique prenant la taille de ce qu'on y met.

Persée repart tout en pensant que
cet attirail ne lui servira à rien
si Méduse peut le pétrifier à distance.

Athéna, déesse de la Guerre
et de la Paix, lui apparaît :
— Persée, tu es, bien que mortel,
un enfant de Zeus, tout comme
moi. Nous sommes donc parents
et je vais t'aider. Pour pétrifier,
le regard de la Gorgone doit plonger
directement dans celui de sa victime.
Affronte-la en regardant son reflet
dans mon bouclier de bronze poli.
Je te le donne.

Persée prend le précieux cadeau, remercie la déesse et se remet en route.

Un premier rocher d'apparence humaine se dresse,
puis un second… Hermès dit :
— Tu dois maintenant affronter seul ton destin. Je te quitte ici.
Persée remercie le dieu.

Le héros avance avec prudence. Les Gorgones ne doivent pas être loin.
Il les voit, à l'entrée d'une caverne. Elles dorment. Il regarde son bouclier-miroir,
qui n'en reflète qu'une seule. Bien sûr ! se souvient-il. Sthéno et Euryale sont là,
mais aussi ailleurs, l'une dans le passé, l'autre dans le futur…
Reste celle qu'il doit tuer, la seule à demeurer dans le temps présent, Méduse…
Elle s'agite. Il saisit son épée, fend l'espace et fond sur elle grâce à ses sandales ailées.
La Gorgone, d'instinct, sursaute. Tout à fait réveillée, elle cherche
et voit deux yeux où plonger son regard mortel…
Mais ce n'est que leur reflet qu'elle fixe dans le bouclier d'Athéna.
Persée, d'un coup terrible de l'arme offerte par les nymphes du Nord,
tranche la tête du monstre.

Il ramasse à ses pieds la chose immonde et la fourre dans son sac magique.
Du sang répandu de Méduse jaillit Pégase, le cheval ailé.

Persée marche d'un pas décidé. Bientôt, il éprouvera le bonheur
de retrouver sa mère et savourera sa victoire en jetant
avec insolence la tête de Méduse aux pieds de Polydecte.

Il longe la mer quand, au détour d'un chemin, il voit une jeune fille liée par des cordes à un rocher battu par les flots.
— Qui es-tu ? crie Persée. Qui t'a attachée là ?
— Je suis Andromède, répond la captive, seule enfant de Céphée et Cassiopée, roi et reine de ce pays. Ma mère a osé déclarer que j'étais la plus belle fille du monde, que ma beauté surpassait celle des Néréides, enfants chéries de Poséidon. Alors le dieu, en colère, a fait sortir des abysses un monstre marin qui sème la terreur et ruine les pêcheurs.

—Le roi mon père est allé jusqu'au lointain oracle
de Poséidon pour l'implorer d'épargner les gens d'ici,
innocents et injustement punis par la faute d'une mère trop orgueilleuse.
Le dieu a entendu et admis ses arguments, mais n'a pas pardonné.
— Si tu veux que le monstre retourne au fond des abysses,
a-t-il déclaré, offre-lui ta fille.
Entre le devoir royal de protéger son peuple et l'amour paternel,
Céphée avait choisi son devoir. Une masse grise ondule au loin, à fleur d'eau,
et s'approche d'Andromède sans provoquer le moindre remous.

Grâce à ses sandales ailées, Persée s'élève au-dessus des vagues
à l'instant même où le monstre se dresse, gueule ouverte, devant la captive.
L'épée du héros fend l'air en sifflant, et d'un coup plus terrible encore
que celui porté à Méduse, il décapite le serpent marin.
Andromède est réellement très belle, se dit-il en la délivrant.
La jeune fille trouve son sauveur très beau.

Céphée et Cassiopée n'auraient pu imaginer une fin plus heureuse
à leurs tourments. Persée leur demande la main de leur fille,
ils la lui accordent avec joie. Au bout d'un an de bonheur parfait,
le héros reprend son voyage interrompu, en promettant de revenir au plus vite.

Lorsqu'il retrouve les lieux où il a grandi, Dictys, son vieux mentor, est toujours là,
mais sa femme a sombré dans la mélancolie. Danaé a fui Polydecte et vit à présent
recluse dans une grotte. Pour lui apporter des vivres sans se faire repérer
par les hommes de son frère, Dictys invente mille ruses.

Persée court au palais du fourbe. Les gardes ne peuvent l'arrêter,
il fait irruption dans la salle du trône. Polydecte pérore devant ses courtisans.
Il se tait, frappé de stupeur à la vue du fils de Danaé.
Quoi ?! Le jeune homme aurait mené à bien sa folle expédition ?
Impossible ! Il tire son épée du fourreau. Ses hommes en font autant.
– Ne m'avais-tu pas promis la tête de Méduse ? Où est-elle ? Je ne la vois pas !
– La tête de Méduse… dit Persée.

– La voilà !
Il extirpe du sac magique son hideux trophée et le brandit
devant le groupe d'hommes menaçants. Entre les serpents morts de sa chevelure,
les yeux de Méduse diffusent encore leur lueur étrange,
droit sur Polydecte et les siens, qui s'immobilisent à jamais, pétrifiés.

— Et Acrisios?
— Oui... Acrisios, Grand-père, tu l'as oublié, on dirait...
— La prédiction du dieu Apollon?
— Elle se réalisera, comme toutes les prédictions divines. Écoute...

Persée aime le sport. Il brille au lancer du disque.
Certains aèdes disent qu'il a servi de modèle
à Myron, sculpteur du célèbre *Discobole*.
Un jour qu'il participe à des jeux organisés
par une grande cité, l'épreuve du lancer
du disque commence. Or Acrisios est là,
assistant aux jeux en tant que simple spectateur.
Persée attend… Quand son tour de concourir
arrive, son nom est annoncé.

En l'entendant, Acrisios se sent défaillir.
QUOI!? Le petit garçon jadis abandonné
dans un coffre en pleine mer, promis
à la noyade ou à l'étouffement, aurait survécu
et serait devenu ce bel homme qui s'avance?
Le vieux roi cède à la panique, il veut partir,
dérange le public, crée une agitation qui
perturbe le geste de Persée en plein lancer.

Le lourd disque de métal ne part
pas dans la bonne direction,
il va droit dans les tribunes,
frappe Acrisios en pleine tête,
le tue sur le coup.

Il était en voyage, loin d'Argos,
et personne ici ne le connaît.
On l'enterre, et Persée se recueille
sur la tombe de sa victime
accidentelle sans savoir qu'elle
n'était autre que son grand-père.

— C'était un mauvais grand-père !
— Un très méchant grand-père !
— Pas comme toi, qui es le plus gentil de tous !
— Oui, mais...
— La tête de Méduse, il en a fait quoi, Persée ?

LA GRÈCE DE PERSÉE

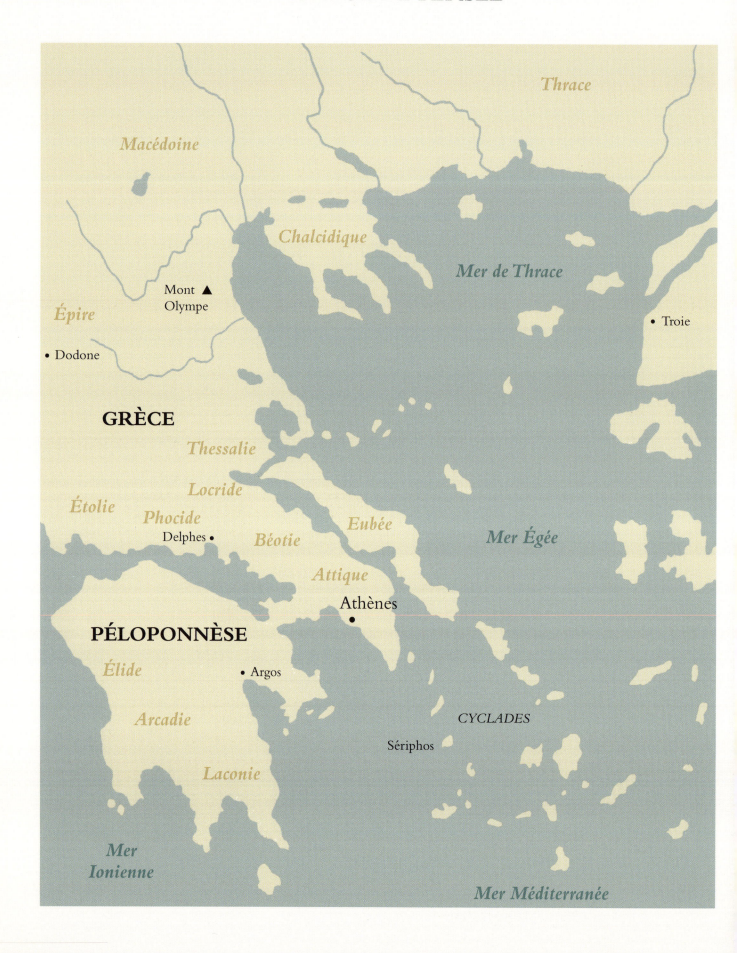

GLOSSAIRE

ACRISIOS

Roi d'Argos, ancienne ville de la Grèce. Inquiet d'une prédiction lui annonçant qu'il mourrait tué par son petit-fils, il tient recluse sa fille Danaé, à qui Zeus trouve quand même le moyen de faire un bébé : Persée. La mère et l'enfant sont jetés à la mer, mais sauvés par Dictys.

AÈDES

Sorte de prêtres de la Grèce primitive. Plus tard, rétrogradés au rang de simples poètes, certains d'entre eux font preuve de génie : les chants d'Orphée charment les dieux et apaisent les monstres, les récits d'Homère traversent les siècles.

ANDROMÈDE

Cette princesse d'Éthiopie est la fille de Cassiopée, reine vaniteuse qui ose la croire (ou se croire ?) aussi belle que les Néréides, protégées de Poséidon. En représailles, la jeune Andromède se voit livrer aux fureurs d'un monstre marin dont heureusement Persée la délivre (en attendant de l'épouser).

APOLLON

Fils de Zeus, roi de l'Olympe, il est, quant à lui, le dieu de la Lumière et aussi celui des Arts – doté en outre d'un physique avantageux, qui fait qu'on parle aujourd'hui encore d'un apollon pour désigner un homme très beau.

ATHÉNA

Une des trois divinités protectrices de Persée, sortie tout armée de la tête de Zeus. Déesse par conséquent de la Bravoure, mais aussi de la Raison, elle s'intéresse aux combats des héros sans jamais cesser d'œuvrer aux progrès de l'humanité.

CASSIOPÉE

Épouse de Céphée, roi d'Éthiopie, et mère de la belle Andromède. Sa coquetterie vaniteuse lui vaut le courroux de Poséidon, protecteur des Néréides, qui exige d'elle le sacrifice de sa fille : c'est la punition imposée pour le salut du royaume.

CÉPHÉE

Roi légendaire d'Éthiopie, époux de Cassiopée, père d'Andromède.

DANAÉ

Fille d'Acrisios, roi d'Argos, qui craint qu'elle ne mette au monde son futur meurtrier et la tient donc enfermée dans une tour d'airain. Mais, à Zeus, rien ne résiste. Il se change en pluie d'or pour rejoindre la prisonnière et lui fait un fils : Persée.

DELPHES

Ville de l'ancienne Grèce où s'élevait le plus célèbre temple d'Apollon, à l'endroit même où ce dieu passait pour avoir tué le fabuleux serpent Python (d'où le nom de « pythies » donné aux prêtresses du sanctuaire).

DICTYS

Pêcheur de Sériphos, île de la mer Égée, dont il deviendra roi. C'est lui qui sauve des flots Danaé et Persée, qu'il élèvera comme son fils. Dictys est aussi le frère cadet de Polydecte, qui règne sur Sériphos au moment du sauvetage et qui va s'éprendre de Danaé.

DODONE

Ville de l'Épire, dans le nord-ouest de la Grèce, célèbre par son temple et son oracle de Zeus. On y pratiquait la divination en interprétant le vol des colombes, le hasard des dés, les bruits du vent dans les chênes. Plus tard, le temple de Dodone deviendra une église chrétienne.

GORGONES

Trois redoutables sœurs parmi lesquelles Méduse est la seule à ne pas être invulnérable, ce qui permet à Persée de la tuer. Bel exploit, vu que ces créatures ont la tête garnie de serpents et pétrifient quiconque croise leur regard.

GRÉES

Réputées sœurs aînées des Gorgones, elles sont venues au monde avec des têtes de vieillardes, réduites à l'arsenal d'un seul œil et d'une seule dent pour trois, qu'elles utilisent à tour de rôle.

HERMÈS

Dieu des Marchands et des Voleurs, mais aussi des Facteurs : chaussé de sandales ailées, il achemine sans délai le courrier de l'Olympe. Il est aussi l'inventeur de la fermeture hermétique qui permet de conserver les aliments sous vide.

HYPERBORÉENS

Peuple heureux qui aurait vécu en des régions nordiques où poussait le palmier sous un soleil radieux. Les Hyperboréens aident Persée dans sa traque de Méduse en lui indiquant où trouver les Gorgones et en lui fournissant du matériel.

MYRON

Sculpteur grec du Ve siècle avant J.-C., qui faisait en bronze des sculptures d'animaux (la *Vache*), de héros (*Persée tuant Méduse*) et d'athlètes en plein effort (la statue du *Discobole*, si souvent copiée).

NÉRÉIDES

Les cinquante nymphes aquatiques qui ont pour père Nérée, fils de l'Océan. Elles sont ravissantes et folâtrent à plein temps dans les vagues, à cheval sur un dauphin ou un triton.

NYMPHES

Divinités féminines des eaux et des champs, de rang subalterne, mais d'une beauté de premier ordre, et d'une jeunesse éternelle.

OLYMPE

Par-delà les nuages, c'est l'endroit immatériel, la citadelle inaccessible, où se prélassent les dieux, magnifiquement oisifs, nourris d'ambroisie, abreuvés de nectar, à peine distraits par le spectacle de la comédie humaine (mais ne se privant pas d'y jouer à l'occasion un rôle).

ORACLE

C'est aussi bien la réponse que font les dieux à une question qu'on leur pose que le sanctuaire où s'obtient cette réponse. Le temple de Delphes, où la pythie transmettait (sans clarté excessive) les oracles d'Apollon, est donc lui-même un oracle.

PÉGASE

Ce cheval aux ailes d'argent, né du sang de Méduse dont Persée vient de couper la tête, passera au service de Zeus, qui lui fera porter ses carreaux (ses flèches, les éclairs de sa foudre).

PERSÉE

Fils de Zeus et de la belle Danaé, il est le héros de ce livre, protégé d'Athéna, mais aussi d'Hermès et d'Hadès. Vainqueur de Méduse, il tire Andromède d'un mauvais pas et finit malgré lui par tuer son propre grand-père, conformément aux craintes de celui-ci.

POLYDECTE

C'est le méchant roi qui règne sur l'île de Sériphos au moment où son jeune frère Dictys y recueille Danaé et le petit Persée. Tombé sous le charme de la rescapée, il cherche à supprimer le fils devenu grand en l'envoyant combattre Méduse : le genre de mission dont on ne revient pas, normalement.

POSÉIDON

Dieu des Mers et de l'Élément liquide, il est le frère de Zeus, mais aussi l'époux d'une Néréide (Amphitrite), dont il s'agace d'entendre Cassiopée contester la supériorité « physique ».

PYTHIE

Prêtresse chargée de transmettre les oracles d'Apollon et qui le fait en état de transe, du haut d'un trépied, entourée de prêtres qui traduisent son charabia.

ZEUS

Roi des dieux, maître du Ciel et de la Terre, il a délégué à Poséidon ses pouvoirs sur la Mer et à Hadès le soin des Enfers. Il séjourne sur l'Olympe, les carreaux (les flèches) de sa foudre à la main, prêt à en frapper quiconque l'incommode. Aux jolies créatures qui lui plaisent, il laisse peu de chances de résister.

Pour aller plus loin avec ce livre,
flashez ce code

ou rendez-vous sur
http://edmax.fr/60152

Vous y trouverez :

 Un séquence pédagogique    Une activité manuelle